AF476639

HAÏTI

Ma conduite politique

ET

MA GESTION

AU

Ministère des Finances et du Commerce

PAR

C. FOUCHARD

PARIS
TYPOGRAPHIE A. DAVY
52, RUE MADAME, 52

1891

HAÏTI

Ma Conduite politique et ma Gestion

AU

MINISTÈRE DES FINANCES ET DU COMMERCE

HAÏTI

Ma conduite politique

ET

MA GESTION

AU

Ministère des Finances et du Commerce

PAR

C. FOUCHARD

PARIS
TYPOGRAPHIE A. DAVY
52, RUE MADAME, 52

1891

HAÏTI

Ma Conduite politique et ma Gestion

AU

MINISTÈRE DES FINANCES ET DU COMMERCE

I

Je n'écris pas pour me défendre contre mes calomniateurs. Je veux seulement exposer au public, la vérité sur quelques faits politiques, et soumettre à son jugement, les actes financiers qui se sont accomplis pendant la période de mon passage au ministère, du 20 août 1883 au 10 août 1888. Avant d'entrer en matière, il est bon que mes lecteurs sachent pourquoi j'écris et quel est celui qui écrit, parce que la plupart d'entre eux, ne m'ayant connu sans doute, que dans le monde politique, au milieu de ce tohu-bohu, peuvent croire que j'ai paru comme un intrus, entraîné par ces mouvements divers dont notre pays est si souvent agité. Non, j'ai travaillé et j'ai servi mon pays. Heureux peut-être, ceux qui, en sortant du berceau, ont joui des faveurs de la sympathie et de la protection, et n'ont eu qu'à tendre la main, pour recevoir une commission de secrétaire de légation, ou un brevet de colonel, pour des services qui sont encore à rendre; mais moi, enfant parmi les nombreux enfants que mon père exilé laissa à ma pauvre mère, je dus, dès mon jeune âge, subir les rigueurs de la position que le sort avait faite à ma famille. Ma mère, femme bonne et dévouée, accablée d'années et devenue aussi vieille que l'est le siècle aujourd'hui, resta debout à l'orage. Son courage ne s'abattit jamais. Sa foi chrétienne la tint au-dessus de l'adver sité, et, à force d'efforts, de peines, de travail, de religion, elle réussit à donner à chacun de ses enfants, sinon une vaste instruction, mais, du moins, une éducation forte et solide, qui nous permit de lutter, souvent avec succès, dans l'arène de la vie.

J'aime à me rappeler encore ce temps, où, chagrine de nous voir grandir sous ses yeux, loin de la direction paternelle, elle prit la subite et virile résolution de nous envoyer, mon frère et moi, à Port-au-Prince, au pensionnat que dirigeait alors M. Eugène Bourjolly. Ce digne et vénérable précepteur fut chargé de notre instruction pendant trois années. C'est ici, pour moi, l'occasion de payer mon tribut de reconnaissance à mon cher maître, et de rendre hommage aux soins qu'il a mis à nous inculquer les principes qui vinrent s'adapter à la base de l'éducation maternelle. A côté de son nom, je citerai avec non moins de respect, MM. Daguerre, Ed. Morin, Léon Montas, Boco, Florian Landais, Lopès, Beaubrun Blénaque, Osias, Lemaire, ceux qu'il avait choisis pour les professeurs de ses pupilles, professeurs qui mériteraient en d'autres temps et en d'autres lieux, la médaille décernée au mérite et au dévouement à l'enseignement.

Sorti des classes en 1855, ma mère m'engagea commis-négociant dans la maison de commerce B. Jacques fils et Cie, où les premières notions de la comptabilité pratique me furent données par l'honorable Gaston Robuste; je passai ensuite dans la maison Blanchet et Chassagne, dont les dignes fils maintiennent aujourd'hui avec éclat, la vieille réputation de leurs pères vénérés.

Deux ans après, le piquet de recrutement, cette éternelle antinomie de la conscription légale en Haïti, m'enrôla dans l'armée. Revêtu de l'uniforme, je fus soumis, de 1857 à 1859, à un service actif et brutal. A l'avènement de Geffrard au pouvoir, la garde nationale fut organisée. Je pris du service dans celle de Jérémie, comme fourrier, le 27 février 1859. Peu après, ce corps fut mobilisé. Dans l'intervalle de cette époque, au 1er août 1865, je fus nommé sergent-major et élevé au grade de lieutenant entre 1865 et le 18 août 1867, date à laquelle je fus élu capitaine, par ma compagnie, selon les prescriptions de la loi sur l'organisation des gardes nationales. La révolution contre le gouvernement de Salnave venant à éclater en mai 1868, j'eus la douleur de remplacer, dans la même année, comme chef de bataillon, le valeureux officier Catinat-Sansaricq qui, par une action d'éclat où il perdit le bras droit, permit à la ville de Jérémie, assiégée et affamée, de s'approvisionner de vivres. Ce fut un coup terrible pour l'armée révolutionnaire, car ce bras, dans maintes batailles, l'avait poussée à la victoire. Le 24 août 1869, je fus promu au grade de colonel et chargé du commandement du fort Télémaque, où j'étais en garnison depuis dix mois; j'y restai jusqu'au triomphe de la Révolution, qui eut lieu le 18 décembre 1869. Les faits d'armes principaux et les campagnes auxquels j'ai assisté, portent, dans les annales de nos troubles civils, les dates mémorables de mai 1862, août 1865, juillet 1867, mai, juillet, août, octobre 1868. Après ces luttes, qui ensanglantèrent le pays pendant plus de dix-huit mois et, la paix étant rétablie, je me rendis à Port-au-Prince, en février 1870, pour occuper un nouvel emploi dans la succession de la maison de commerce C. Goubault et Ce, où je travaillais depuis le mois de février 1860. Entré comme intéressé dans la nouvelle maison, je devins associé en 1873, époque à laquelle partit pour l'étranger le principal associé, M. G. Larcade. La raison sociale de la maison changea en 1878 et je continuai à avoir la direction des affaires jusqu'en 1880, à la mort de Mme Ve C. Goubault, à la mémoire de qui je voue mes constants et pénibles regrets. A cette époque, j'ouvris, en mon nom personnel, une maison de commerce, dont j'annonçai la dissolution en 1888, alors qu'emporté par la tourmente politique je fus obligé de gagner l'étranger. Pendant les trente-trois années que je consacrai au commerce, je travaillai vingt ans dans la maison C. Goubault et Co, soit comme commis, soit comme associé. Feu C. Goubault était un de ces étrangers qui aimaient le pays; c'était un bonheur pour lui d'élever dans la ville de Jérémie, où il prospéra, un bâtiment qui fit exception parmi les constructions de l'époque et que les incendies, qui visitent périodiquement nos cités, détruisirent de fond en comble. Je rends ici, à sa mémoire, l'hommage de ma reconnaissance, pour le bien qu'il m'a fait et dont je rencontrai la suite dans les égards de son digne successeur, M. G. Larcade. Ma carrière commerciale a été couronnée d'un plein succès, grâce à ma constance au travail et à ma ponctualité dans l'exécution de mes engagements; ma signature, avant mon avènement aux affaires, avait pris rang parmi les plus accréditées d'Haïti.

J'en prends à témoin ceux qui me connurent à l'œuvre, ils rendront justice à la confiance que j'inspirais à mes amis et à mes clients. C'est pendant que j'étais livré entièrement aux occupations de mon commerce, que l'Assemblée primaire de Jérémie m'envoya, en janvier 1879, à la députation nationale. Mon attitude à la tribune fut celle d'un bon citoyen. En présence de la lutte opiniâtre des partis, je dirigeai ma ligne de conduite vers les moyens d'arriver à la fusion, à l'entente. Les événements qui éclatèrent, hélas ! dans le cours de la session d'alors, démontrèrent clairement que les ressentiments politiques en cours n'offraient nulle issue à un apaisement complet, ni à l'organisation d'un nouvel ordre de choses capable d'enrayer les tendances de l'opinion publique, ou d'étouffer les préventions mutuelles, enfantées pour le malheur du pays, par un fâcheux malentendu. Les choses allèrent leur train, offrant ce bizarre spectacle de promiscuité de vainqueurs déchus et de vaincus déçus, le tableau surprenant de l'élimination de celui, au nom de qui on proclamait la victoire, amenant l'avènement au pouvoir d'un homme dont le nom réveillait des craintes chez les uns et une confiance ardente chez les autres ; d'un personnage devenu légendaire qui inspirait du respect à tous ceux qui soupiraient après la paix publique.

Dans le cours de la session, la question de l'emprunt Domingue à l'étranger fut agitée ; il est nécessaire que je fasse mention de la part que j'y ai prise, en ma qualité de rapporteur au Comité de finances, pour justifier aux yeux du public la persévérance que j'ai mise à mon arrivée aux affaires, à la régularisation de cet emprunt qui pesait comme un lourd fardeau dans le passif de la République. A cette époque l'honorable M. C. Laforestrie, ministre des finances, exposa à l'Assemblée législative, la nécessité de donner satisfaction aux porteurs des obligations d'Haïti, en reconnaissant les engagements, tels qu'ils avaient été contractés, à l'émission des dites obligations. Il s'étayait, non sans raison peut-être, sur le bien que ferait au Gouvernement la reconnaissance de cette dette, dont une répudiation partielle avait déjà altéré, dans une large mesure, les rapports politiques du Gouvernement d'Haïti avec le Gouvernement français, et amoindri considérablement le crédit national sur les marchés étrangers. On peut se rappeler encore l'attitude sinon hostile, du moins indifférente du Gouvernement français vis-à-vis du Gouvernement de Boisrond-Canal, qui, malgré l'offre de 375 francs pour chaque obligation, faite alors au comte de Rochechouart, ministre plénipotentiaire et envoyé extraordinaire de la République française, ne put obtenir aucune solution de cette importante question économique.

Convaincu à cette époque que le budget ne fournirait pas suffisamment de ressources pour le service des annuités, je proposai de réduire les intérêts à 15 francs le coupon, et de maintenir la valeur nominale des titres à son chiffre original, ne pouvant proposer d'emblée une réduction de ce chiffre, en présence de l'intention bien arrêtée de la majorité des Chambres, de ne pas donner un vote qui fût en désaccord avec les vues du Gouvernement. Malgré toutes les précautions que j'avais prises, malgré le vote de mon rapport par le Comité, j'ai eu le désappointement, à la suite d'une décision du Comité même, d'avoir été obligé d'annuler les conclusions de ce rapport. Je reproduisis ma proposition en séance publique; elle ne fut pas plus agréée. L'Assemblée vota la reconnaissance de la dette au capital nominal de 500 francs par titre, et 25 francs, par coupon, c'est-à-dire à 5 0/0.

Mes prévisions se sont réalisées; le service de la dette est resté en souffrance, et il m'était réservé, quelques années plus tard de mettre la dernière main, cette fois-là, comme membre du Gouvernement, à cette question ardue, selon le mode le plus avantageux pour le pays et le plus équitable vis-à-vis des porteurs. L'on verra plus loin comment ont eu lieu les arrangements et le bon parti qu'en a tiré le pays, tant pour la régularité administrative que pour les intérêts commerciaux et financiers. A la législature qui succéda à celle de 1879, je fus élu de nouveau député à la Chambre des Représentants par la commune de Saint-Raphaël. J'ai été d'autant plus sensible à cette marque d'attention qu'elle me venait de cette intéressante commune du département du Nord. Je suis resté à la hauteur de mes devoirs et la confiance de mes concitoyens m'y a suivi. Mes collègues me firent l'honneur de m'appeler à la présidence de la Chambre ; c'est pendant que j'occupais cette haute et délicate fonction, que le général Salomon, président de la République, me confia le 20 août 1883, les portefeuilles des Finances, du Commerce et des Relations extérieures.

II

Au mois de juin 1883, deux mois avant mon entrée aux affaires, le président Salomon m'annonça qu'il m'avait choisi pour faire partie d'une délégation, devant porter des propositions de paix à la ville de Jérémie, en armes contre le Gouvernement depuis le 23 mai précédent. Cette délégation était composée des autres membres suivants, les généraux Albert Boucan, D. Légitime, N. Conille, et le citoyen M. Moreau, en compagnie de M. Boulanger, chancelier de la Légation de France à Port-au-Prince. Nous partîmes sur le steamer « Mont-Rouïs » de la ligne Rivière. Arrivés à Jérémie, nous nous mîmes en rapport immédiatement avec le Comité révolutionnaire. Après lui avoir exposé les dispositions pacifiques du Gouvernement, et mentionné les actes officiels dont nous étions munis pour arriver à une entente avec les insurgés, nous fîmes entendre aux autorités et au public réunis, combien il serait sage de leur part, de mettre fin à une rébellion, dont les conséquences ne pourraient être que fatales au pays. Nous leur exposâmes aussi l'intention formelle du Gouvernement, de communiquer les mêmes propositions aux assiégés de Miragoâne, d'où était parti le mouvement en mars de la même année. Tout fut vain. Ceux qui savent jusqu'à quel degré s'élève l'excitation d'une communauté en insurrection, quand surtout une propagande active a déjà horriblement dénaturé les faits dans les esprits, comprendront facilement que notre mission n'était appelée à produire aucun résultat efficace; en dépit de la pensée tout humanitaire qui l'avait inspirée. On a toujours à tort taxé de faiblesse chez nous, cette façon noble des Gouvernements d'exhorter à la paix ceux qui la troublent. Si pourtant on veut se donner la peine d'y réfléchir, on verra qu'un pareil acte renferme plus de patriotisme que de défaillance; plus de confraternité que de spéculation, surtout quand le Gouvernement est assis sur des fondements solides! Or, c'était le cas de celui du président Salomon. Nous n'avions pas même eu le temps de donner lecture des actes dont nous étions porteurs, quand nous fûmes contraints de nous en retourner à Port-au-Prince, en emportant nos tristes impressions et entrevoyant à travers la sombre réalité des faits l'affreuse tourmente qui menaçait nos frères.

Je ne crois pas superflu d'insérer ici les actes en question qui sont déjà du domaine de l'histoire.

RÉPUBLIQUE D'HAITI

LIBERTÉ ÉGALITÉ FRATERNITÉ

Arrêté

« SALOMON, président d'Haïti.

« Usant du droit que lui accorde l'article 114 de la « Constitution,

« A arrêté et arrête ce qui suit :

« Art. 1er. — Amnistie pleine et entière est accordée « à tous ceux qui, le 23 mai dernier, à Jérémie, se sont « mis en état de rébellion contre le Gouvernement et « ont porté les citoyens à s'armer les uns contre les « autres.

« Art. 2. — Les personnes sus-visées et leurs com-« plices, également amnistiés, après s'être présentés à « l'Autorité, rentreront dans leurs foyers, avec la ga-« rantie qu'ils ne seront ni inquiétés ni recherchés.

« Art. 3. — Le présent arrêté sera imprimé, publié « et exécuté à la diligence de la délégation du Gou-« vernement dans le département du Sud.

« Donné au Palais National, au Port-au-Prince, « 1883, an 80e de l'Indépendance.

« SALOMON.

« Par le Président.

« *Le Secrétaire d'Etat de l'intérieur et de la police gé-« nérale, chargé par intérim du département de l'Instruc-« tion publique et de l'Agriculture.*

« Ovide Cameau.

« *Le Secrétaire d'État des Finances, du Commerce et « des Relations Extérieures,*

« Damier.

« *Le Secrétaire d'Etat de la Justice et des Cultes, chargé « par intérim du département de la Guerre et de la Ma-« rine,*

« Madiou. »

RÉPUBLIQUE D'HAITI

LIBERTÉ ÉGALITÉ FRATERNITÉ

Arrêté

« SALOMON, président d'Haïti.

« Attendu qu'il conste de renseignements fournis au « Gouvernement que le mouvement opéré le 23 mai « dernier par la ville de Jérémie est l'effet d'un mal « entendu et de provocations regrettables.

« Voulant autant que possible épargner l'effusion du « sang entre les enfants d'une même patrie et rendre « au pays la paix et la tranquillité, principaux gages « de la prospérité publique,

« A arrêté et arrête ce qui suit :

« Art. 1er. — Sont considérés nuls et non avenus « tous les actes faits et publiés par suite du dit mouve- « ment.

« Art. 2. — Ne pourront être recherchés en aucun « temps et sous quelque prétexte que ce soit ceux qui « ont pris part à ce mouvement, soit comme auteurs, « soit comme adhérents.

« Art. 3. — Le présent arrêté sera imprimé, publié « et exécuté à la diligence de la délégation du Gou- « vernement dans le département du Sud.

« Donné au Palais National, au Port-au-Prince, le « an 80e de l'Indépendance.

« SALOMON.

« Par le Président :

« *Le Secrétaire d'État de l'Intérieur et de la Police gé-*
« *nérale, chargé par intérim du Département de l'Agri-*
« *culture et de l'Instruction publique,*

« OVIDE CAMEAU.

« *Le Sécrétaire d'État de la Justice et des Cultes, chargé*
« *par intérim du Département de la Guerre et de la*
« *Marine.*

« MADIOU.

« *Le Secrétaire des Finances, du Commerce et des Rela-*
« *tions Extérieures,*

« DAMIER. »

Quelque temps après, j'appris que M. Burdel, alors chargé d'affaires de la République française, accompagné de son chancelier, était chargé d'une pareille mission auprès des insurgés à Miragoâne. Il n'y fut pas plus heureux que nous, puisqu'il en revint, jurant qu'il n'y mettrait plus les pieds. En effet, le président Salomon, qui déjà avait tenté beaucoup d'efforts pour obtenir la cessation des hostilités, non seulement en vue d'enrayer le malaise inexprimable que cet état de choses créait dans le pays, mais encore d'atténuer l'ardeur d'une lutte, qui décimait son armée aussi bien que ses administrés, voulut essayer encore de nouvelles démarches, afin d'arriver à rétablir définitivement la paix. C'est alors qu'il fit sonder M. Boulanger, dont il est déjà question plus haut, pour accomplir une nouvelle mission à Miragoâne. Celui-ci, bien inspiré, comme du reste il en avait donné des preuves dans les deux missions qu'il avait déjà faites à Jérémie et à Miragoâne, ne put cependant accepter de se rendre de nouveau sur les lieux, sans l'assentiment de son chef immédiat, qui, cette fois, refusa son acquiescement. M. Boulanger avec qui je m'en entretins intimement, et qui était encore dans les meilleures dispositions de servir le pays et l'humanité, avec son dévouement habituel et son désintéressement au-dessus de tous éloges, me protesta de son regret de ne pouvoir agir à l'encontre de la volonté de son chef. C'est ainsi que Jérémie et Miragoâne, finirent par tomber quelques mois après au pouvoir du Gouvernement, par la force des armes, sans qu'aucune entente préalable eût pu être ratifiée; mesure salutaire qui eût consolidé davantage le haut prestige moral et militaire de ces deux villes héroïques. La vaillante cité de Jacmel, épuisée par la famine et réduite à une absolue pénurie de munitions, dut, un peu plus tard, comme les deux autres, négocier sa capitulation.

C'est au cours de ces événements, alors que Jacmel venait de se rallier aux mouvements de Jérémie et de Miragoâne, que j'entrais au ministère, le 20 août 1883, en remplacement de l'honorable général Damier, que son grand âge empêchait de lutter efficacement contre les exigences excessives de la situation. C'était, en effet, un rude fardeau que le porte feuille des Finances à cette époque. Le crédit du Gouvernement était alors fortement ébranlé, et toutes les ressources de l'État allaient droit aux dépenses onéreuses de la guerre. Une dette flottante de plus de sept millions de piastres s'appesantissait sur les charges déjà trop lourdes. A ce moment, j'ose le dire sans vanité, il fallait du courage et de la foi dans l'avenir, pour assumer une telle responsabilité, au milieu de tant d'écueils où l'on se heurtait sans cesse. J'entrai hardiment à l'œuvre, au moment où la tempête se déchaînait dans toute sa fureur, où toute confiance semblait éteinte, où les opinions les plus fermes tournaient au découragement et à la crainte, comme si déjà on voyait les ombres sinistres de l'anarchie promener leur hideur d'un bout du pays à l'autre. Mon premier soin fut de préciser par des chiffres, la situation des finances. Pas de fonds en caisse! pas ou presque pas de recettes à recouvrer ! Morte-saison complète! Pourtant, il fallait sans délai pourvoir aux besoins de l'armée, aux réclamations incessantes venues de toutes parts; du côté des créanciers de l'État, comme de celui des employés qui souffraient depuis de longs mois du non-paiement de leurs appointements. L'on demandait de l'argent quand même. Les troupes assiégeantes devant les villes de Miragoâne, de Jérémie, de Jacmel, étaient privées de leur rationnement tant en numéraire qu'en provisions alimentaires. Elles ne demandaient, il est vrai, que ce qui fallait pour subsister, à tel point que celles devant Jacmel répudiaient la ration en numéraire. Les comestibles se vendaient alors à des prix usuraires. La partie du commerce hostile au Gouvernement le soumettait parfois à des conditions impossibles. Les moindres besoins suscitaient le plus souvent de grandes difficultés. Il était dû rien qu'à une seule maison, qui en fournissait à l'armée,une valeur de plus de soixante-quinze mille dollars. Bien peu de capitalistes prêtaient à l'État. En un mot, tout exprimait la gêne et même la faillite. Des bons compensables en droits de douane, à l'importation comme à l'exportation, pleuvaient sur le département des Finances.Impossible de mettre la main sur aucuns revenus. Le peu de recettes qui exsudaient des douanes épuisées, étaient le gage anticipé des créanciers. En présence d'une situation aussi compliquée, environnée de difficultés aussi épineuses, il importait de s'orienter sans perte de temps, et de prendre des mesures qui assurassent provisoirement le gros du service courant.

Je résolus donc de réunir tous les porteurs de bons compensables, qui se trouvaient à Port-au-Prince, pour leur déclarer que le Gouvernement ne pourrait procéder autrement que d'adopter des dispositions qui lui permissent de tenir ses engagements les plus pressants, ou pour mieux dire, de se soutenir, en ajournant ses échéances douanières. Je dois rendre justice au grand nombre des créanciers qui comprirent le bon droit de mon exposé, et se prêtèrent à la combinaison que la loyauté me commandait de leur soumettre. Je fis faire dans tous les arrondisscments financiers de la République, un relevé de ces bons en circulation, tant à l'importation qu'à l'exportation, et j'eus à constater que l'état de ces créances s'élevait à un million de piastres environ. Ces bons étaient amortissables soit en fraction ou totalité des droits fixes à l'importation, soit par partie ou totalité des surtaxes ; d'autres encore et par les droits fixes et par les surtaxes à l'exportation : j'en fis établir deux catégories distinctes. J'affectai une portion des droits d'importation et une portion des droits d'exportation à l'amortissement de ces créances, dont la compensation enlevait littéralement à l'État toutes les recettes des douanes, recettes qui, comme je l'ai dit précédemment, étaient absolument bornées. Cet arrangement simple et très utile en la circonstance, permit au Gouvernement de pourvoir aux premières nécessités. Afin de soulager la position des employés de l'État qui, depuis des mois, n'avaient pas reçu un sou de leurs émoluments, je fis annoncer au *Journal officiel* que je mettais en paiement le service du mois d'août. Quand cet avis parut, les employés en furent on ne peut plus étonnés ; car ils avaient suffisamment souffert pour être parfaitement au courant de la situation de nos finances. La voie des améliorations, si étroite qu'elle fût, était ouverte ; il s'agissait de la rouvrir peu à peu, jusqu'à ce qu'elle laissât la faculté de circuler plus librement, en vue d'arriver aux réformes économiques qu'il était du devoir et de la dignité du Gouvernement d'entreprendre sans hésitation. Il n'était pas possible alors de mettre à exécution aucun plan décisif : l'on ne pouvait marcher qu'avec une extrême prudence. Il fallait compter ses pas, et maintenir son équilibre dans la position acquise, et au fur et à mesure que de nouvelles forces, tout illusoires qu'elles pussent être, venaient en aide, savoir s'en servir habilement pour se consolider. C'est alors que je proposai au Conseil des secrétaires d'État une augmentation de droits sur l'importation des comestibles. Le Conseil accepta ma proposition qui fut aussi votée par les Chambres. Ce surcroît d'impôt qui devait donner un rendement évalué à 30 0/0, environ 350,000 piastres, se fit sans que la consommation s'en aperçût, par la raison que les provisions américaines qui forment notre principal commerce d'importation, subirent sur les marchés des États-Unis d'Amérique, une notable dépression de prix et tombèrent en Haïti, en dépit de cette mesure fiscale, même plus bas qu'auparavant. Je dus pourtant étayer ce moyen, encore insuffisant, de l'émission d'un million de gourdes en billets de caisse, garanti par ce supplément de droits, qui constitua dès lors à la Banque nationale d'Haïti, une encaisse métallique spéciale. Il n'y avait pas d'autre voie à prendre, et ce n'est pas sans peine que je réussis à convaincre ceux qui, épouvantés de cette nouvelle mesure, en souvenir des ruines que le papier-monnaie avait jadis accumulées dans le pays, désespéraient de la situation financière, tout aussi bien que de la situation politique. Le Gouvernement s'adressa d'abord à la Banque nationale, pour l'initiative de cette émission. L'établissement à Port-au-Prince télégraphia au siège de notre institution de crédit à Paris, qui n'accepta pas. Alors, le Gouvernement eut recours à un Syndicat, composé d'étrangers et de nationaux, et réunit au Palais national les négociants établis à Port-au-Prince, pour leur donner communication du projet. Le 15 novembre 1883, le groupe qui devait former le Syndicat, signa son adhésion, et ce n'est que le 22 janvier

1884 que le contrat fut définitivement signé, en vertu de la loi du 28 août 1883, relative à l'élévation des droits et du décret de l'Assemblée nationale du 14 octobre 1883, modifié par l'arrêté du président d'Haïti, sanctionné par l'assemblée. Les 30 0/0 qui étaient affectés en garantie se percevaient déjà depuis le 1er février 1884, avant même l'émission qui, aux termes des loi, décret et conventions, devait être amortie dans la période de trois années. Le retrait, fidèlement observé, et le contrôle, muni de tous les éléments propres à inspirer la confiance, s'opérèrent d'une façon active et régulière au point que ce retrait fut un fait accompli avant même le délai autorisé par le vote des Chambres. De cette émission il ne doit aujourd'hui rester en circulation que trois à cinq mille gourdes, épaves dont la contre-valeur en numéraire est déposée dans les coffres de la Banque, pour compte des porteurs. L'on comprend sans peine, qu'une émission opérée dans des conditions aussi normales, entourée de toutes les garanties d'ordre et d'amortissement, est faite plutôt pour régulariser le service administratif, que pour jeter le désarroi dans les finances et le commerce. Toute émission de papier-monnaie qui n'offre point les mêmes garanties, est au contraire un véritable danger et est destinée à porter une atteinte profonde à la fortune publique. C'est pourquoi le Gouvernement s'évertua sans cesse à tenir strictement les engagements stipulés à l'égard du retrait, et c'est aussi à cette sévère régularité qu'il a dû de ne pas sombrer, quand plus tard, à l'émission de deux autres millions, la propagande toujours ardente en besogne, réussit à faire déprécier quelque temps les billets en circulation. Le papier-monnaie, ce précieux instrument de crédit, quand il est bien manié, bien administré, bien surveillé, et captif dans des mains habiles, devient plus souvent un garant de prospérité pour les États et surtout pour les États jeunes, qui ont toujours besoin par quelque expédient de développer leurs ressources industrielles et agricoles. Les républiques de l'Amérique du Sud nous en offrent un éloquent exemple. Si toutefois l'excès, sous la forme de toutes les banques imaginables, conduit inévitablement à la débâcle, à la ruine, la faute en est à l'abus et non au principe. Cet élément de crédit, ce salutaire facteur d'échange aux heures sombres, pour puissant qu'il soit, s'il est abandonné à lui-même, livré à tous les vents, de l'empirisme ou de la convoitise, et, enfin,s uivant la pente qui l'entraîne, devient une arme empoisonnée propageant la ruine dans toutes les sphères de l'activité humaine. Confiant dans les assises qu'avait acquises au sein de la communauté l'émission du premier million, confiant dans le bien-être que l'on en avait recueilli de toutes parts, dans les facilités qu'avait trouvées le gouvernement pour la liquidation urgente des dettes de la Révolution de 1883, et me trouvant en face de la nécessité absolue de déblayer définitivement le terrain chargé encore de lourdes créances arriérées qui s'augmentaient de nouvelles allocations budgétaires, je soumis à l'Assemblée nationale un nouveau projet d'émission, cette fois pour 2 millions. Il fut voté et décrété à la date du 4 octobre 1884.

Un nouveau syndicat fut formé, composé des membres du premier syndicat, auxquels vinrent s'adjoindre des membres du Corps législatif et quelques commerçants. Le contrat organique fut signé le 11 novembre 1884. En garantie de cette nouvelle émission, le Gouvernement concéda les 3/5 des droits fixes d'exportation sur le café. A l'aide des ressources que procurait cette mesure administrative, le fardeau du service public s'allégea notablement. Nombre de dettes arriérées : appointements, locations, pension, ordonnances diverses furent liquidées. Le Gouvernement sentit qu'en aplanissant ainsi la voie, il pourrait, avec le bénéfice de la paix dont jouissait le pays depuis quelques mois, entrer de plain-pied dans des réformes sérieuses. C'est alors que la propagande, ce génie des ténèbres, si habile à inventer et à créer, si adroite à faire parler ses victimes, à les faire même penser à leur insu, lèpre qui, s'adaptant au corps d'un Gouvernement le ronge avec raffinement jusqu'aux os ; c'est alors, dis-je, que cet ennemi invisible plus redoutable qu'une armée, subtil, intangible, se mit en œuvre sous des formes captieuses, pour propager que le président Salomon nourrissait l'intention d'inonder le pays sous un déluge de billets de caisse sans garantie. La crainte s'empara du commerce qui, à son tour, la communiqua au public. Le Gouvernement, ne s'effrayant pas devant le danger qui le menaçait, resta calme et prit ses mesures. Après avoir contracté un emprunt d'un million, en moins de vingt-quatre heures, il vainquit la propagande. Le change qui, suivant le mouvement qu'imprimait la panique, avait atteint jusqu'à 60 0/0, tomba du jour au lendemain à 25 0/0. Les capitalistes auxquels s'était adressé le Gouvernement pour réaliser cet emprunt, véritable pierre d'attente, pleins de confiance dans la loyauté de l'administration financière, après y avoir souscrit spontanément, m'écrivirent, à la date du 31 mai 1886, une lettre pour être communiquée au Conseil des secrétaires d'Etat. J'en transcris ici les passages suivants :

. . . .

. . . .

« Notre acceptation de couvrir cet emprunt doit être « pour le Gouvernement, un témoignage de notre con- « fiance dans son administration. Cette confiance, le « Gouvernement a prouvé jusqu'aujourd'hui qu'il la « méritait.

« Aussi, secrétaire d'Etat, quand vous avez pris la « direction des finances, une dette flottante s'élevant à « environ sept millions de piastres pesait sur le pays. Cette « dette consistait en intérêts dus sur les titres de la caisse « d'amortissement, en feuilles d'appointements échus « et non payés, en mandats impayés et en divers em- « prunts, en consortium établi dans le commerce.

« Deux ans et demi se sont écoulés à peine, que déjà « cette dette se trouve réduite à quatre millions, dont « deux millions en papier-monnaie.

« Or, si le pays veut rendre justice au Gouvernement « qui l'administre, il doit reconnaître que le budget « s'est non seulement soldé, mais qu'encore depuis « trois ans, grâce aux économies et au précieux con- « cours de tous ceux qui sont à la tête des principales

« branches de l'administration, la dette a diminué « chaque année d'un million, etc., etc. »

. . . .

L'on voit clairement que cette dépréciation qui avait altéré, pendant un moment, notre circulation fiduciaire, n'était justifiée par aucun motif plausible, puisque le crédit du Gouvernement était assis, et que l'administration des finances marchait vers une amélioration sensible. La dette extérieure même, connue sous la dénomination de Dette nationale, que le Gouvernement Haïti avait consentie en 1825, au profit des colons français dépossédés, fut servie régulièrement. Cette dette, au moment où j'écris, donne lieu à une différence de chiffres dans les livres du Gouvernement français et ceux du Gouvernement d'Haïti. Selon toutes probabilités, notre Légation à Paris sous le Gouvernement de Domingue, avait opéré le versement d'un million à un million deux cent mille francs, à la Caisse des Dépôts et Consignations, et que cette valeur n'a pas été portée en ligne de compte. Je sais de source certaine que le ministère des Affaires étrangères en France a reçu de la caisse des Dépôts et Consignations, le compte général de la double dette, et que notre ministre d'alors, l'honorable M. C. Laforestrie avait adressé au quai d'Orsay, une dépêche à la date du 1er septembre 1887, pour en réclamer une copie. Quand on arrivera à obtenir ce document important, dont la remise se fait trop attendre, il est fort possible que l'Etat bénéficie d'un remboursement en sa faveur. Je suis persuadé que si nos gouvernants donnaient suite aux incessantes démarches que faisait notre Légation à Paris, l'on arriverait aisément à la conclusion de ce règlement qui, selon toutes les données, ne laisse aucun doute sur la légitimité de notre réclamation.

Le moment était arrivé de s'occuper activement de la Dette Domingue, emprunt 1875 à l'Extérieur. Les obligations de cette dette qui traînaient sur le marché de Paris, entamaient profondément le crédit du pays ; ce dont le commerce intérieur se ressentait avec malaise. Les annuités n'en étaient pas payées. Les valeurs affectées à l'amortissement et à l'intérêt depuis, sous le gouvernement de Domingue lui-même, avaient pris une toute autre direction. Les porteurs de titres ne cessaient d'accabler le Gouvernement de leurs menaces ou de leurs cris de détresse. Il importait donc de régulariser cette dette qui comportait une série de complications. Par où fallait-il commencer ? Il était déjà dû plus de sept millions de francs en intérêts, à cette heure critique où les ressources du budget ne permettaient pas d'entreprendre le service des annuités, qui s'élevait à un chiffre dont l'incompatibilité avec les revenus, était évidemment reconnue. C'est dans ces conjonctures qu'ayant soumis au Conseil des Secrétaires d'Etat, cette situation qui était cruellement en désaccord avec toutes les règles d'une bonne administration, je demandai l'autorisation d'ouvrir des négociations, afin d'arriver à un règlement définitif, en conformité avec les ressources budgétaires et devant sauvegarder les intérêts des deux parties. Avec la faculté d'agir que le Président et mes collègues s'empressèrent de me donner, je me mis sérieusement à l'œuvre, avec d'autant plus de soin et d'activité, que je poursuivais la réalisation de ce règlement, depuis l'époque où je militais comme député à la Chambre des communes. Au fait, ne valait-il pas mieux offrir aux porteurs d'actions ce que l'on pouvait réellement payer, que les leurrer par des chiffres platoniques qui, pour être alléchants, n'en étaient pas moins illusoires. Je me mis donc en rapport avec M. Yung, sous-directeur, plus tard directeur de la Banque nationale d'Haïti, qui devait à son tour communiquer le projet à la Société du Crédit industriel et commercial à Paris.

Les préliminaires de l'arrangement eurent lieu au mois de mars 1885. Le sous-directeur de la Banque s'engageait à partir pour l'Europe au mois de mai suivant, afin de mettre en train l'exécution du projet. Tout fut conduit avec tact et intelligence. Je soumets ici à ceux qui veulent bien lire ces lignes, la correspondance échangée à cet effet.

« Paris, 16 juin 1885.

« Monsieur C. Fouchard,

« Secrétaire d'État au département des Finances
« et du Commerce
« à Port-au-Prince,

« Monsieur le Secrétaire d'État,

« J'ai l'honneur de vous informer que dès mon arri-

« vée à Paris, qui a eu lieu le 9 octobre, je me suis em-
« pressé d'entamer les négociations pour arriver à
« l'arrangement avec les porteurs de la dette extérieure,
« tel qu'il est proposé par le Gouvernement que j'ai
« l'honneur de représenter dans cette circonstance.

« Le Conseil d'administration de la Banque nationale
« d'Haïti s'est montré très favorable à l'idée de la
« conversion et il m'a promis tout son concours et son
« appui pour le but proposé. Si le Crédit industriel que
« je n'ai pas encore consulté mais sur lequel je compte
« absolument, répond avec le même empressement,
« j'espère pouvoir mener l'opération à bonne fin, d'ici
« en peu de temps. Cependant, il faut s'attendre à bien
« des difficultés qui surgiront par la méfiance de cer-
« tains porteurs grincheux. Vous savez, Monsieur le
« Secrétaire d'État, que cette catégorie de porteurs est
« très nombreuse, et pour la vaincre il faudrait pou-
« voir loyalement offrir des garanties sérieuses. La na-
« ture de ces garanties a été souvent discutée par vous
« et vous avez admis la possibilité d'une garantie de
« 20 0/0, vingt pour cent de droits d'exportation aux
« porteurs de cette dette, qui seraient représentés à
« Port-au-Prince par un délégué dûment autorisé par le
« Gouvernement d'Haïti de contrôler ces recettes près
« la Banque et de toucher les valeurs au moment de
« l'échéance des coupons. C'est certainement le mini-
« mum de garantie qu'on me demandera et je tiens à
« vous en aviser dès maintenant, afin que vous puissiez
« me donner les instructions sans retard.

« Par le prochain courrier, j'aurai le plaisir de pou-

« voir vous annoncer des faits plus saillants ; jusqu'à « présent, j'ai cru devoir me tenir dans la réserve vis- « à-vis des porteurs, afin de connaître d'abord leurs « exigences.

« Veuillez me dire, Monsieur le Secrétaire d'État, par « quel agent intermédiaire et sous quelle adresse je « peux vous expédier les dépêches. Si vous ne voyez « pas d'inconvénient, je pourrai vous les faire parvenir « par l'intermédiaire de la Banque ; j'attends pour cela « votre réponse.

« Je vous prie d'agréer, Monsieur le Sécrétaire d'État, « l'assurance de mon dévouement respectueux.

« A. YUNG. »

« Port-au-Prince, le 7 juillet 1885.

« Le Secrétaire d'État au département des Finances « et du Commerce, à Monsieur A. YUNG.

« Sous-directeur de la Banque nationale d'Haïti.
« à Paris.

« Monsieur,

« Par votre lettre du 16 juin écoulé que j'ai eu le plaisir « de recevoir avant-hier, j'ai appris votre bonne arrivée « à Paris, où vous avez commencé à entamer les négo- « ciations qui forment l'objet de votre mission. Je vous « félicite d'autant plus que vous pouvez compter sur « le concours du Conseil d'administration de la Banque « nationale d'Haïti qui ne peut pas laisser échapper

« cette occasion de donner au Gouvernement une « preuve de sa bonne volonté. Je souhaite que celui du « Crédit industriel dont vous avez besoin et qui vous « sera bien nécessaire, ne vous fasse pas non plus « défaut. Disposant de ces deux forces financières, je « ne doute nullement du succès de l'opération qui, du « reste, intéresse autant les porteurs d'obligations que « le Gouvernement dans leurs intérêts les mieux cal« culés. Je sais que dans une opération de ce genre, il « ne peut vous manquer de heurter contre certaines « difficultés ; mais en donnant aux parties intéressées « l'assurance, non seulement de la régularité dans le « service des annuités, mais encore des garanties so« lides, je crois qu'ils s'empresseront de se conformer « aux vues du Gouvernement qui cherche à donner à « leurs titres la valeur qu'ils méritent, dans la pro« portion des ressources du pays. Aussitôt que vous « aurez mis tout en train, et que les porteurs ne deman« deront, pour accepter, que la garantie, vous me lan« cerez une dépêche télégraphique, et je vous ferai con« naître officiellement la partie des droits affectés en « garantie des versements semestriels ; comme j'ai eu « l'occasion d'en causer avec vous, cette garantie ne « peut être prise que dans les droits d'exportation. Il « ne faut pas que l'on demande rien d'impossible ; mais « pour toutes choses possibles en rapport avec nos « recettes douanières, le Gouvernement est disposé à « donner toute satisfaction.

« Vous pouvez m'expédier les dépêches par l'inter« médiaire de la Banque.

« Je vous prie d'agréer, cher Monsieur, l'expression « de ma plus haute considération.

« C. FOUCHARD. »

« Paris, 30 juin 1885.

« Monsieur C. FOUCHARD,

« Secrétaire d'État des Finances et du Commerce.
« Port-au-Prince.

« Monsieur le Secrétaire d'État,

« J'ai l'honneur de vous confirmer ma dernière, « partie par le Packet du 19 courant et j'ai le plaisir « de vous annoncer que le but de ma mission a fait un « pas vers sa réalisation. Le plan de campagne que j'ai « entrepris pour l'arrangement proposé de la dette 1875 « est en plein succès. Il avait pour principal objet « de réunir sous le nom d'un seul établissement ou « d'une personne, tous les porteurs d'obligations qui « se trouvent en province et sont obligés par consé- « quent, de se faire représenter. De cette façon, je me « trouvai en face d'un seul ou de quelques grands por- « teurs munis de pouvoirs de leurs mandataires, avec « qui l'arrangement est convenu et accepté d'avance. « Le difficile de ma tâche fut précisément de trouver « l'établissement ou la personne jouissant de la renom- « mée convenable. La personne sur laquelle je portais « mes vues était Monsieur Durieu, président du Conseil

« du Crédit industriel et commercial, personnage « suffisamment connu, pour que je n'aie besoin d'en « dire davantage. Malheureusement, Monsieur Durieu « est resté sourd à mes offres, alléguant la prudence « qu'il est obligé d'observer vis-à-vis du public, « échaudé par tant de mauvaises émissions qui ont « inondé le marché de Paris. Au bout de huit jours « d'insistance continuelle, je suis arrivé enfin à le « décider de nous prêter son concours et prendre en « mains l'organisation d'un Comité. Les journaux « financiers se sont aussitôt emparés de la nouvelle en « recommandant aux porteurs de mettre leurs intérêts « aux mains de Monsieur Durieu. Depuis lors, les pou- « voirs nous arrivent en masse et jusqu'à ce jour, nous « avons pu réunir déjà douze mille obligations. Aus- « sitôt que nous aurons la majorité, je ferai annoncer « à l'Agence Havas par l'intermédiaire de la Légation, « qu'un délégué du Gouvernement d'Haïti est ar- « rivé à Paris et qu'il s'est mis immédiatement en « rapport avec le groupe de porteurs, formé par le « Crédit industriel. Ainsi, tout marche à souhait jus- « qu'à présent et l'acceptation formelle de l'arrange- « ment de la part des porteurs n'est qu'une question « de temps matériel. Il serait bon, Monsieur le Secré- « taire d'État, que dès à présent vous prissiez les « mesures pour faire des fonds nécessaires au paiement « du premier coupon et des frais qu'entraînera l'opé- « ration. N'oubliez pas, Monsieur le Secrétaire d'État, « que l'engagement qu'on me demande et que je dois « prendre au nom du Gouvernement, c'est de servir le

« premier paiement immédiatement après la signature « du nouvel arrangement. Je connais suffisamment « votre loyauté dans l'exécution des engagements pour « ne pas m'inquiéter là-dessus.

« Agréez, Monsieur le Secrétaire d'État, l'assurance « de mon dévouement respectueux.

« A. YUNG. »

« Port-au-Prince, 21 juillet 1885.

« Monsieur A. YUNG,
« Paris.

« Monsieur,

« Je reçois à l'instant votre bonne lettre du 30 juin. « Je n'ai que le temps de vous en accuser réception ; la « correspondance via Jacmel n'étant arrivée ici que ce « matin à 10 heures et la fermeture de la malle devant « avoir lieu à midi. Je vais avec empressement trans- « mettre au Gouvernement les bonnes nouvelles que « vous me donnez sur l'objet de votre mission et je « vous félicite d'avance de l'heureux succès que vous « augurez ; une fois que vous avez avec vous l'appui de « M. Durieu, vous êtes en droit de compter sur toutes « les chances de la réussite. J'espère que les autres « obligataires suivront l'exemple de ceux qui ont déjà « déposé leurs pouvoirs. Ne vous inquiétez pas sur les « précautions que je dois prendre, quand il s'agira de

« payer le premier coupon et les frais. Je comprends « l'importance d'un tel acte, je peux vous dire que le « Gouvernement tiendra aux engagements qu'il aura « pris vis-à-vis de ceux qui ont confiance en lui.

« Je vous écrirai le plus prochainement possible ; « aujourd'hui, le temps me manque.

« Recevez, cher Monsieur, avec l'expression de mes « meilleurs sentiments, l'assurance de ma haute con- « sidération.

« C. FOUCHARD. »

« **Télégramme.**

13 juillet 1885.

« Pour M. FOUCHARD, ministre,

« Comité porteurs accepte nouvel arrangement, con- « ditions suivantes : primo, abandon légal, cinquième « droits. Exportation à retirer par banque ; secondo, « paiement 1er septembre coupon sur capital réduit « exigeant sept cent mille francs contre tous coupons « arriérés ; tertio, reprise service régulier, intérêts, « amortissement 1er janvier. Obtenez et transmettez té- « légraphe, autorisation Chambres et Gouvernement « traiter sur ces bases. Envoyez fonds.

« YUNG. »

« Paris, 15 juillet 1885.

« Monsieur C. FOUCHARD,

« Secrétaire d'Etat des finances,
« à Port-au-Prince.

« Monsieur le Secrétaire d'État,

« J'ai l'honneur de vous confirmer ma dernière du « 30 juin ainsi que ma dépêche ainsi conçue.

(Voir le texte.)

« A l'issue de la première séance du Comité des por- « teurs, je me suis empressé de vous envoyer immédia- « tement cette dépêche. Le Comité des porteurs à lui « seul réunit le nombre de ving-cinq mille obligations. « Ce Comité m'a demandé d'abord le paiement de « fr. 15 par obligation pour les coupons arriérés de « fr. 87,50 et j'ai pu avec quelque peine rabattre leurs « exigences à fr. 7,50 par titre. La nécessité de paie- « ment immédiat d'une valeur en échange de tous les « coupons arriérés s'impose par plusieurs raisons. La « raison qui nous intéresse le plus est celle qu'en payant « cette indemnité nous avons la faculté de faire signer « tous les porteurs, même ceux qui ne se sont pas fait « représenter, dans les engagements acceptant la con- « version.

« Le bon effet de l'arrangement s'est manifesté en « une hausse des obligations. Du cours de fr. 95 l'obli-

« gation s'est élevée à 128 sans pouvoir trouver même « de vendeurs à ce prix.

« Le comité me demande en outre, en garantie du « paiement régulier des annuités, l'abandon de 20 0/0 « des droits d'exportation votés par les Chambres et « perçus par la Banque. Comme cette condition a été « prévue par le Gouvernement, elle ne vous paraîtra « que naturelle et facile à exécuter.

« Il ne me reste qu'à exprimer la satisfaction que « j'éprouve d'avoir pu réussir dans la mission que vous « m'avez confiée. Le résultat ne tardera pas à avoir « son effet sur l'essor du pays, et la gloire d'avoir en- « trepris ces sages mesures retombera forcément sur « S. Exc. le Président et son Gouvernement.

« Je ne doute, Monsieur le Secrétaire d'État, qu'avant « l'arrivée de cette lettre, vous ne m'ayez déjà mis en « mesure de signer le contrat définitif avec le Comité « des porteurs, donnant au Gouvernement d'Haïti toute « satisfaction et la possibilité de rétablir son crédit sur « le marché de Paris.

« Agréez, Monsieur le Secrétaire d'État, l'assurance « de mon dévouement respectueux.

« A. YUNG »

« Port-au-Prince, 27 juillet 1885,

« Monsieur A. YUNG.

« Sous-directeur de la Banque nationale à Haïti.

« Monsieur,

« Je vous confirme ma lettre du 21 courant. Depuis « la réception de votre dépêche télégraphique qui « m'apprend que le Comité des porteurs a accepté le « nouvel arrangement (par nouvel arrangement, j'en-« tends 1° réduction des obligations de fr. 500 à 300 ; « 2° réduction des bons de coupon de fr. 100 à 60 ; « 3° paiement immédiat de fr. 7,50 en échange des « fr. 87,50 d'intérêts arriérés encore dus), je n'ai pas « perdu un moment pour faire aboutir à temps les « fonds nécessaires au paiement du coupon soit sept « cent mille francs environ et c'est votre correspon-« dance qu'attend le Gouvernement par le prochain « Packet, pour que soit présenté aux Chambres le « projet de loi, qui doit ratifier les nouvelles conditions. « La chose principale, je le conçois, c'est de faire partir « les fonds et je peux vous dire que toutes les dispo-« sitions sont prises pour que les fonds partent par le « Packet du 4 août prochain, de façon qu'ils aboutis-« sent à Paris vers le 1er septembre prochain. Aussitôt « après l'envoi des fonds et la ratification du contrat « par les Chambres, je vous lancerai un télégramme.

« Dans le projet de loi qui va être soumis aux Chambres,
« il sera porté la garantie de 20 0/0 de la surtaxe sur
« les droits d'exportation.

« En attendant que je vous écrive le plus prochaine-
« ment possible, je vous prie d'agréer, Monsieur, l'as-
« surance de mes sentiments bien distingués.

« C. FOUCHARD. »

« **Télégramme**.

« 4 août 1885,

« Yung Paris.

« Fonds partis, 4 août.

« GOUVERNEMENT HAITIEN.

A cette correspondance, je crois devoir ajouter le décret de l'Assemblée nationale, voté le 9 septembre 1885 et conforme en ses parties principales au contrat signé le 2 du même mois et de la même année entre le Crédit industriel et commercial (auquel s'adjoignirent les représentants du Comité des porteurs) et le délégué du Gouvernement d'Haïti.

« **Décret**.

« SALOMON, président d'Haïti.

« Considérant que l'honneur et la consolidation du
« crédit du pays commandent de reprendre le service

« de l'emprunt 1875 dans des conditions qui assurent « désormais à ses obligations des paiements réguliers, « à échéances fixes et déterminées ;

« Qu'il importe, par conséquent, d'affecter à ce ser- « vice des ressources budgétaires, réelles, certaines et « disponibles ;

« Vu l'art. 69 de la Constitution, et le décret de l'As- « semblée nationale du 1er avril 1880.

« Sur le rapport du secrétaire d'État des Finances et « du Commerce.

« Et de l'avis du Conseil des secrétaires d'État,

« A proposé,

« Et l'Assemblée nationale a rendu le décret sui- « vant :

« Art. 1er. — Le traité conclu à Paris entre le Crédit « industriel et commercial agissant au nom et pour « compte du Gouvernement de la République, et le « Comité des porteurs de titres de l'emprunt 1875, est « et demeure pleinement sanctionné dans ses disposi- « tions qui suivent et qui serviront désormais de bases « au règlement dudit emprunt.

« Art. 2. — Contre chacun des 72.353 titres de 500 « francs de cet emprunt, auquel seront ajoutés un des « 72.353 bons de coupons de 100 francs, 7 coupons « arriérés tant des titres que des bons de coupons, en- « semble 105 francs, le tout formant une valeur totale « de 705 francs, il sera remis au porteur une obliga- « tion réunie de 360 francs.

« Art. 3. — Ces nouvelles obligations réunies rap-
« porteront des intérêts nets de 5 0/0 par an qui seront
« payés, à Paris, le 30 juin et le 31 décembre de chaque
« année par l'établissement de crédit qui sera désigné
« à cet effet par le Gouvernement.

« Art. 4. — Il sera de plus amorti chaque année,
« par voie de tirage au sort, une quantité d'obligations
« représentant 1 0/0 du chiffre de la dette réduite, et,
« à chaque tirage, cet amortissement augmentera d'un
« nombre d'obligations formant le montant des inté-
« rêts diminués.

« Art. 5. — Pour l'exécution des articles 3 et 4, une
« annuité fixe de fr. 1.562,824,80 ou de g. 293.029,65
« sera inscrite au budget du département des finances.

« Art. 6. — Le paiement du premier coupon d'inté-
« rêts, à échoir au 31 décembre, se fera par anticipa-
« tion le 1er septembre prochain, et le tirage des obli-
« gations à amortir aura lieu avant la fin de décembre
« 1886, pour être payées avec le coupon semestriel du
« 31 du même mois.

« Art. 7. — Le libellé des « obligations réunies »
« portera annulation de tous les titres antérieurement
« émis, obligations de 500 francs, bons de coupons de
« 100 francs, coupons des obligations et des bons de
« coupons.

« Art. 8. — Ils porteront au verso le tableau d'amor-
« tissement de la dette, et il y sera annexé le nombre
« de coupons semestriels à payer, jusqu'à son extinc-
« tion totale.

« Art. 9. — Ils seront signés de trois commissaires

« nommés par le Gouvernement, et l'échange à faire « devra s'opérer au plus tard dans le courant de l'an- « née 1886.

« Sera détaché, avant cet échange, le premier cou- « pon de décembre 1885, à payer par anticipation, et « il sera procédé à son égard comme c'est prévu à « l'article suivant.

« Art. 10. — Les titres retirés de la circulation seront « vérifiés et détruits par les soins des commissaires ci- « dessous nommés, et il en sera dressé procès-verbal « en triple qui sera déposé, un à la Légation haïtienne « à Paris, un à l'établissement de crédit chargé du « règlement en cours, et l'autre expédié à la secrétai- « rerie d'État des finances, à Port-au-Prince.

« Ce procès-verbal sera inséré au *Moniteur* et dans « trois grands journaux de Paris.

« Art. 11. — Seront aussi détruits, par les soins des « mêmes commissaires, les titres non émis à l'époque « de l'emprunt, ainsi que tous ceux retirés depuis de « la circulation, par voie de tirage au sort.

« Les mêmes formalités prévues à l'article précédent « seront observées à leur égard.

« Art. 12. — Des arrêtés présidentiels et des règle- « ments d'administration publique feront connaître les « commissaires signataires, le libellé, le mode de l'é- « change et du tirage des titres et détermineront en « général tous les détails d'exécution du présent dé- « cret.

« Art. 13. — A l'ouverture de chaque session légis- « lative ordinaire, il sera spécialement rendu compte à

« l'Assemblée nationale des opérations effectuées en « vertu de ce décret, et le secrétaire d'État des finances « demandera décharge aux Chambres, à la plus pro« chaine session, des sommes qu'il aura dépensées pour « son exécution.

« Art. 14. — Il sera facultatif aux parties intéres« sées, après s'être préalablement entendues avec le « Gouvernement, d'adopter, pour effectuer le règlement « de cette dette, toutes autres formes que celles pré« vues par les articles 2, 3 et 4, pourvu que ces formes « conduisent aux mêmes chiffres, et ne controviennent « à cet égard aux dispositions de ces articles.

« Art. 15. — Le présent décret abroge tous décrets, « lois, arrêtés, et toutes dispositions de décrets, lois ou « arrêtés qui lui sont contraires, sera imprimé, publié « et exécuté à la diligence du secrétaire d'État des « Finances et du Commerce.

« Donné au palais de l'Assemblée nationale, à Port« au-Prince, le 9 septembre 1885, an LXXXII de l'In« dépendance.

« *Le Président de l'Assemblée nationale,*

« B. MAIGNAN,

« *Le Vice-Président*

« F. DUCASSE,

« *Les Secrétaires,*

« DÉSINOR, S.-L. ALEXANDRE, S.-M. PIERRE,

« JOSEPH ASSON, POISSON.

« Au nom de la République,

« Le Président d'Haïti ordonne que le décret ci-des-
« sus de l'Assemblée nationale soit revêtu du sceau de
« la République, imprimé, publié et exécuté.

« Donné au palais national de Port-au-Prince, le
« 11 septembre 1885, an LXXXII de l'Indépendance.

« SALOMON

« Par le Président

« *Le Secrétaire d'État des Finances et du Commerce.*

« C. FOUCHARD.

Entre le décret de l'Assemblée nationale et le contrat, il existe une petite différence dans le tableau d'amortissement, provenant des bons de coupons qui ont été amortis et dont le nombre total a été assimilé à celui des obligations ; la correction a été faite dans le contrat, comme on pourra le constater dans l'art. 1er que je reproduis ici.

« Art. 1er. — Les 72.353 (soixante-douze mille trois
« cent cinquante-trois) obligations en circulation de
« l'emprunt 1875, dit Domingue, sont converties en
« 72.353 obligations au capital de 300 francs (trois
« cents francs), l'une rapportant 5 0/0, soit (15) fr.
« quinze par an.

« Les 70.908 (soixante-dix mille neuf cent huit) bons
« de coupons du même emprunt (Décret du 1er et du

« 2 avril 1880) non encore amortis, sont convertis en « bons au capital de 60 francs (soixante francs), l'un, « rapportant 3 francs (trois francs) d'intérêt annuel. »

Par conséquent, le chiffre réel de l'annuité s'élève à 1.557.622 fr. 80 (un million cinq cent cinquante-sept mille six cent vingt-deux fr. quatre-vingts cent.) au lieu de 1.562.824 fr. 80 (un million cinq cent soixante-deux mille huit cent vingt-quatre francs quatre-vingts c.) En prenant pour base les termes du contrat, dont le décret y relatif a été voté pour ratifier le principe des nouvelles conventions, avant que l'avis de la signature du contrat définitif ne fût parvenu au Gouvernement, l'on verra clairement que c'est sur le chiffre établi dans le contrat, que l'on doit s'étayer pour opérer les versements des annuités. Le véritable tableau d'amortissement que je publie ci bas suffira pour convaincre le lecteur. Le Gouvernement n'a qu'à se baser à l'avenir sur cet « État » et faire porter à son crédit à la caisse du Crédit industriel et commercial, le surplus annuel de cinq mille deux cent deux francs, versé pour les annuités des années précédentes, ainsi que les valeurs restées en dépôt, pour les obligations et bons de coupons non présentés depuis les nouvelles conventions. Je ne veux pas clore ce chapitre de l'emprunt de 1875, sans rendre un éclatant hommage au Comité des porteurs, surtout à MM. Ch. Miot et G. Larcade, pour le concours efficace et désintéressé, que ces amis du pays ont donné à la bienfaisante conversion de cette dette.

TABLEAU d'amortissement des Obligations de l'Emprunt d'Haïti 1875

Années	Obligations en Circulation	Obligations à Amortir	Intérêt à servir	Amortissement	Annuité pour Intérêts et Amortissement
1885	72.353	723	1.085.295	217.059	1.302.354
1886	71 630	760	1.074.450	227.904	
1887	70.870	797	1.063.050	239.304	
1888	70.073	838	1.051.095	251.259	
1889	69.235	879	1.038.523	263.829	
1890	68.356	924	1.025.340	277.014	
1891	67.432	969	1.011.480	290.874	
1892	66.463	1.018	996.945	305.409	
1893	65.445	1.069	981.675	320.679	
1894	64.376	1.123	965.640	336.714	
1895	63.253	1.178	948.795	353.559	
1896	62.075	1.238	931.125	371.229	
1897	60.837	1.299	912.555	389.799	
1898	59.538	1.364	893.070	409.284	
1899	58.174	1.433	872.610	429.744	
1900	56.741	1.504	851.115	451.239	
1901	55.237	1.579	828.555	473.799	
1902	53.658	1.658	804.870	497.484	
1903	52.000	1.742	780.000	522.354	
1904	50.258	1.828	753.870	548.484	
1905	48.430	1.920	726.450	575.904	
1906	46.510	2.015	697.650	604.704	
1907	44.495	2.117	667.425	634.929	
1908	42.378	2.222	635.670	666.684	
1909	40.156	2.333	602.340	700.014	
1910	37.823	2.450	567.345	735.009	
1911	35.373	2.573	530.595	771.759	
1912	32.800	2.701	492.000	810.354	
1913	30.099	2.836	451.485	850.869	
1914	27.263	2.978	408.945	893.409	
1915	24.285	3.127	364.275	938.079	
1916	21.158	3.284	317.370	984.984	
1917	17.874	3.447	268.110	1.034.244	
1918	14.427	3.620	216.405	1.085.949	
1919	10.807	3.801	162.105	1.140.249	
1920	7.006	3.991	105.090	1.197.264	
1921	3.015	3.015	»	904.500	

TABLEAU d'amortissement des Bons de l'Emprunt d'Haïti 1875

Années	Bons en Circulation	Bons à Amortir	Intérêt à servir	Amortissement	Annuité pour Intérêts et Amortissement
1885	70.908	709	212.724	42.544 80	
1886	70.199	744	210.597	44.671 80	
1887	69.455	782	208 365	46.903 80	
1888	68.673	821	206.019	49.249 80	
1889	67.852	862	203.556	51.712 80	
1890	66.990	905	200.970	54.298 80	
1891	66.085	950	198.255	57.013 80	
1892	65.135	997	195.405	59.863 80	
1893	64.138	1.048	192.414	62.854 80	
1894	63.090	1.100	189.270	65.998 80	
1895	61.990	1.155	185.970	69.298 80	
1896	60.835	1.213	182.505	72.763 80	
1897	59.622	1.273	178.866	76.402 80	
1898	58.349	1.337	175.047	80.221 80	
1899	57.012	1.404	171.036	84.232 80	
1900	55.608	1.474	166.824	88.444 80	
1901	54.134	1.548	162.402	92.866 80	
1902	52.586	1.625	157.758	97.510 80	
1903	50.961	1.707	152.883	102.385 80	255.268 80
1904	49.254	1.791	147.762	107.506 80	
1905	47.463	1.882	142.389	112.879 80	
1906	45.581	1.975	136 743	118.525 80	
1907	43.606	2.074	130.818	124 450 80	
1908	41.532	2.178	124.596	130 672 80	
1909	39.354	2.287	118.062	137.206 80	
1910	37.067	2.401	111.201	144.067 80	
1911	34.666	2.521	103.998	151.270 80	
1912	32.145	2.647	96.435	158.833 80	
1913	29.498	2.780	88.494	166.774 80	
1914	26.718	2 919	80.154	175.114 80	
1915	23.799	3.064	71.397	183.871 80	
1916	20.735	3.218	62.205	193.063 80	
1617	17.517	3.378	52.551	202.717 80	
1918	14.139	3 548	42.417	212.851 80	
1919	10.591	3.725	31.773	223.495 80	
1920	6.866	3.911	20.598	234.670 80	
1921	2.955	2.955	»	177 300 80	

Le contrat fut donc signé le 2 septembre 1885, et le décret de l'Assemblée nationale voté le 9 du même mois et de la même année. Les obligations de la dette émises au capital nominal de 500 fr., et les bons de coupons à celui de 100 fr., furent réduits : les premières à 300 fr. et les derniers à 60 fr.; plus de sept millions cinq cent mille francs dus pour intérêts depuis et y compris le 1er juillet 1882, jusques et y compris le 1er juillet 1885, furent réduits à un seul coupon de 7 fr. 50 se chiffrant à sept cent mille francs environ. La quotité intégrale de la dette, qui s'élevait au chiffre de 50.839.077 fr. 50, y compris les intérêts était réduite à la suite de cet arrangement à un capital de 26.047.080 ou 25.960.380 fr., différence provenant de 1.445 bons de coupons dont il y a à tenir compte de l'amortissement par des tirages antérieurs. L'État s'est trouvé allégé d'un passif considérable de près de (24.000.000) vingt-quatre millions de francs. L'annuité qui représentait un chiffre de 2.170.596 fr. ne comportait plus que 1.562.824 fr. 80. Les obligataires malgré la réduction de leurs effets, manifestèrent leur satisfaction, convaincus qu'ils étaient de la bonne foi de ceux qui contractèrent avec eux. En effet, les annuités furent régulièrement servies. Les titres qui au capital nominal de 500 fr., ne valaient difficilement que 95 fr. sur le marché de Paris, se sont élevés, avec le capital nominal réduit, à près de 200 fr. Tel fut le résultat de la confiance qu'inspira une administration honnête et fidèle à ses engagements. Quelque temps avant ces négociations, des ouvertures diverses avaient été faites au Gouvernement : les unes proposant l'unification des deux dettes extérieure et intérieure; les autres, la réduction des intérêts de 25 à 15 francs, avec addition des intérêts dus, contre de nouveaux bons de coupon. Aucune d'elles ne comportait un avantage réel pour l'État. Toutes ces propositions compliquaient plutôt la situation d'un chaos de chiffres stériles et d'un surcroît de dettes. La solution équitable donnée à cette question et pour le plus grand bien du pays, marquera dans nos annales financières. Je fis aboutir à Port-au-Prince le solde non émis des obligations dont le dépôt fut fait à la Banque nationale.

Le 14 mai 1886, la Chambre des représentants me fit l'honneur de m'envoyer au Sénat de la République, à la faveur d'un récent amendement porté à la Constitution, lequel établissait la compatibilité des charges de secrétaire d'État et de sénateur. A ces fonctions où je venais d'être appelé, j'eus l'avantage de montrer à mes concitoyens et à mes collègues, que j'étais prêt à donner à mon pays le concours de ma bonne volonté. Tout en occupant le fauteuil sénatorial, je ne perdis pas de vue le projet que je nourrissais de la réforme fiscale de nos finances, dont l'amélioration n'était plus en doute pour personne, surtout depuis la liquidation partielle de la dette publique, que je menais de front avec le service régulier du budget. Je soumis donc au chef de l'État et à mes collègues ma résolution de partir pour Paris, siège du Conseil d'administration de la Banque nationale, aux fins d'arriver à une entente qui assurât en tout état de cause le paiement à échéance fixe des appointements, locations, pensions, indemnités, soldes et rations de l'armée, etc., etc., et régularisât le service de la dette intérieure : tant celui de la dette flottante que celui de la dette consolidée par la loi d'amortissement. J'eus à lutter longtemps pour obtenir à cet égard l'assentiment du Conseil des secrétaires d'État, tant qu'il est ardu chez nous de mettre la main à l'ouvrage quand il s'agit d'entrer dans une voie nouvelle ou de changer un système invétéré, si visibles qu'en soient d'ailleurs les défectuosités et les difficultés quoditiennes qu'en offre l'application. Il ne me restait plus qu'à accomplir ce projet pour parfaire l'œuvre financière entreprise, ou alors à résigner mon portefeuille, si j'étais condamné à rester en chemin. Le président Salomon, ayant reconnu la netteté de mes vues, n'hésita plus à accepter que j'entreprisse le voyage; il était d'un tempérament qui ne reculait jamais devant l'exécution prompte d'un projet dont l'utilité est incontestable. Je partis en mai 1887; dès mon arrivée en Europe, j'exposai au Conseil d'administration de notre institution de crédit le but de mon déplacement, en lui remettant l'acte qui constituait les pouvoirs dont j'étais muni par S. Exc. le Président d'Haïti. Une fois ma présence notifiée et connue de quelques groupes de financiers à Paris, des offres me vinrent en nombre, pour des prêts de fortes valeurs, pour des contrats de construction d'édifices publics, pour l'établissement du Crédit foncier et la création de voies ferrées sur les points les plus importants du pays. Je ne pouvais soumettre au Gouvernement aucun de ces projets, puisque ma mission, toute circonscrite, se bornait à raffermir le service de trésorerie par la signature de nouveaux compromis avec la Banque nationale. Je n'avais que l'exécution de ce plan à poursuivre, et je le poursuivis avec une telle persévérance que je réussis, non sans peine, à convaincre le Conseil d'administration du bienfait qui en résulterait, non seulement pour le pays, mais aussi pour la Banque elle-même qui, dépositaire des revenus de l'État, devait trouver dans ce nouvel arrangement un moyen plus facile d'assouplir ses rapports avec le Gouvernement. M. Emile Simmonds, membre du Conseil d'administration à Paris, et M. Ch. de Montferrand, secrétaire général de la Banque, me prouvèrent en cette circonstance qu'ils s'attachaient réellement aux intérêts de la République, en me donnant leur concours le plus efficace. Après m'être entendu sur tous les points qu'il y avait à élucider pour garantir ce nouveau mode de service, je signai, le 6 juillet 1887, le contrat qui assurait le paiement, du 5 au 15 de chaque mois, des services déjà mentionnés. Cette nouvelle disposition permit aux fonctionnaires et employés de l'État de recevoir intégralement le montant de leurs indemnités, appointements, etc., les affranchissant ainsi du sacrifice pénible auquel les soumettait l'escompte qu'alimentait encore quelque peu l'incertitude de nos finances, et qui, avant moi, avait parfois atteint des proportions fantastiques. La loi sur ce service fut votée par les Chambres les 3 et 4 novembre et promulgée par le Pouvoir Exécutif le 5 novembre 1887. A l'époque de mon départ, il existait en circulation 1,470,000 (un million quatre cent soixante-dix mille) gourdes de billets de caisse.

Je signai, le 11 août de cette même année, un contrat par lequel la Banque s'engageait à émettre pour compte du Gouvernement une somme de 2.000.000 (deux millions) de gourdes en billets de $ 1 et de $ 2, amortissable par 50 c/s de dollar par 100 $/s de café, à prélever sur les droits d'exportation. Cette émission devait servir à retirer de la circulation les $ 1.470.000 de billets de caisse dont il est question et le solde, $ 530.000 (cinq cent trente mille) gourdes, à liquider les valeurs dues sur les droits d'importation, dont l'intégralité était affectée en garantie du service des appointements et autres que la Banque avait à verser mensuellement. Cette émission ou plutôt cette substitution était le précurseur des engagements futurs qui devaient aboutir inévitablement au bienfaisant résultat du retrait définitif de notre papier-monnaie. C'est le 5 novembre 1887 que le Pouvoir exécutif promulgua la loi relative à cette substitution, votée par la Chambre des représentants le 28 octobre 1887, et par le Sénat le 3 novembre de la même année. Or, il ne suffisait pas seulement de régler le service de Trésorerie et de remettre à la Banque les principaux ressorts de notre administration financière ; mais il était nécessaire aussi après la régularisation de la dette extérieure, d'établir sur des bases solides la situation de notre dette intérieure, notamment de notre dette flottante. A cet effet, je signai, le 11 août 1887, un troisième contrat avec la Banque, tendant à changer en nouveaux titres de $ 80 (quatre-vingts) gourdes, rapportant 5 0/0 (cinq pour cent) l'an, les titres de $ 100 des art. 6, 7 et 9 de la caisse d'amortissement, tout en laissant au Gouvernement la faculté de liquider, dans un mode avantageux pour les intérêts des deux parties, les titres spéciaux rapportant 18 0/0 l'an, et de consolider, en titres de $ 100 rapportant 5 0/0 l'an les feuilles d'appointements arriérées au 30 septembre 1887, les intérêts dus et à devoir par la caisse d'amortissement jusqu'au 31 décembre 1887, enfin tous les effets publics en souffrance, vérifiés et reconnus. Outre ce service d'intérêts, il devait être pourvu à un amortissement de 1 0/0 (un pour cent) par an, sur la quotité des nouveaux titres. La loi dite d'amortissement réglementant la dette intérieure ainsi que la dette flottante, fut votée par les deux Chambres les 7 et 8 novembre 1887 et promulguée à cette dernière date par le Pouvoir exécutif. La réduction de cette dette qui allégea le passif de l'Etat de plus de neuf cent mille gourdes, loin de diminuer la valeur effective des obligations, produisit au contraire une plus-value que l'on peut attribuer sans conteste à la régularité du service. Ma mission à Paris obtint le résultat bienfaisant de faire que l'État paie mensuellement ses fonctionnaires et employés, que notre papier-monnaie, devenu sous le contrôle de la Banque, entrait dans la voie d'un retrait définitif, et que notre dette intérieure affranchie des fluctuations onéreuses de l'agiotage, devenait dette consolidée représentant une valeur plus effective aux mains des porteurs. Ces réformes administratives réalisées, et le fonctionnement ayant produit l'effet le plus efficace, il restait au Gouvernement à voir se réaliser l'espérance d'implanter l'étalon d'or dans son administration financière, et cela serait arrivé plus tôt qu'on ne le pense, si ceux qui sont là pour désorganiser sous le titre pompeux de restaurateurs, ne se fussent pas mis en travers pour enrayer l'accomplissement de tous progrès sous les auspices de ce qu'ils appellent « l'ère nouvelle ».

La circulation de la monnaie mexicaine donnait lieu souvent à des difficultés qui entravaient surtout la hausse de notre papier-monnaie, par rapport aux cours de cette monnaie sur les marchés des États-Unis d'Amérique. Je soumis au Gouvernement le projet d'abroger l'arrêté qui fixait à 80 s/c le cours de la piastre mexicaine, et de décréter que cette monnaie ne pourrait circuler désormais que pour sa valeur commerciale. Cette disposition fut prise par un arrêté publié à la date du 28 décembre 1887. Sans cette mesure, qui mit un frein à l'usage éventuel de cette monnaie sur nos marchés, il arriverait que, malgré les droits d'importation dont elle était frappée, elle deviendrait encore périodiquement un obstacle à la stabilité de notre papier, monnaie qu'il importait avant tout de protéger. Le service public effectué régulièrement, en conformité des contrats que j'avais signés avec la Banque et que le Corps législatif sanctionna, le Gouvernement eut à constater, dès mon retour d'Europe, une diminution prodigieuse des dettes de l'État, qui se liquidaient en même temps que les allocations budgétaires. N'est-ce pas un bienfait pour une administration, que de pouvoir payer et de payer ses dettes ? Quel est le plus sûr moyen d'asseoir le crédit d'un État ? N'est-ce pas de mettre l'ordre dans ses finances et d'amortir le plus possible son passif, afin de préparer le terrain à des voies nouvelles, quand il s'agira de s'élancer vers les grandes entreprises que réclament le progrès et le bien-être des nations ? Aussi l'on pouvait voir clairement que la dette flottante du pays ne se chiffrait plus alors que par une somme pour ainsi dire insignifiante. D'ailleurs, par le tableau que plus bas je publie, chacun pourra se convaincre de l'état des choses au moment où prit fin le gouvernement du général Salomon :

Situation financière au 10 août 1888.

	Monnaie étrangère.	Monnaie nationale.	Monnaie étrangère.	Monnaie nationale.
Dette Intérieure.				
Caisse d'amortissement, art. 5			425.592 78	
— —				238.050 07
— — art. 6, 7, 9				3.579.484 75
Dette Extérieure.				
Emprunt Domingue 1875 converti			4 706.448 75	
			5.132.041 53	3.817.534 82
Dette Salomon.				
Dette Intérieure consolidée environ		200.000 »		
Contre-bons de la Banque		202.000 »		
Papier-monnaie en circulation		1.840.000 »		
Crédit statutaire à la Banque	300.000 »			
Indemnités du 23 septembre 1883	119.548 28			
Valeurs dues au compte du consortium à la Banque Ex	350.000 »			
	769.548 28	2.242.000 »		
A DÉDUIRE :				
Valeurs en caisse	303.645 13		465.903 15	
— —		363.595 53		
				1.878.404 47
			5.597.944 68	5.695.939 29

Par cet état, il sera facultatif à chacun de voir que les finances du pays étaient dans une situation prospère et qu'il n'eût fallu que peu de temps pour arriver au retrait définitif de notre papier-monnaie et entreprendre, avec l'excédent des recettes, les dettes de l'État étant ou consolidées ou liquidées, les travaux publics, consistant en routes, canaux, ponts, quais et édifices.

Cette situation aurait été encore bien meilleure, si nos recettes n'avaient pas subi une notable dépression durant deux années qui donnèrent une récolte de café très limitée, avec des prix en Europe dans la parité de 3 1/2 à 4 gourdes en Haïti pour les 100 $, et si, en outre, il n'incombait pas au Gouvernement le paiement de lourdes dettes contractées par des Gouvernements antérieurs et non liquidées. C'est alors que l'état de nos finances faisait entrevoir dans l'avenir de brillantes perspectives, que le président Salomon, miné par l'âge et la maladie, résolut de quitter le pouvoir.

« Mes amis, disait-il, en s'adressant aux membres de « son Conseil, je suis vieux ; je sens qu'il ne me reste « encore que peu de jours à vivre ; je crois devoir « prendre des dispositions, et ce, dans l'intérêt du pays, « pour que je laisse le pouvoir sans secousse. Je veux « écrire à mes commandants d'arrondissement, pour les « inviter à venir auprès de moi, afin que je puisse leur « communiquer mes impressions ; et une fois qu'ils se- « ront retournés à leurs postes respectifs, pour le bon « maintien de l'ordre, j'abdiquerai aux mains de l'As- « semblée nationale, seule habile à me donner un suc- « cesseur. Dites-moi franchement, mes amis, ce que

« vous en pensez, car je ne prétends pas dormir sur
« cette idée. Je suis pressé. »

Après quelques moments d'entretien, où chacun exprima son opinion sur cette importante communication, nous approuvâmes tous la ligne de conduite que le Président adopta, et nous attendîmes le moment où cette pensée, si bien conçue, se réaliserait sans qu'aucune commotion s'ensuivît. Le Président convoqua, en effet, les commandants de ses arrondissements, qui devaient se réunir à Port-au-Prince, le 15 août 1888. Tous répondirent qu'ils se tenaient prêts à se rendre à la convocation. Cette décision du chef ne resta pas secrète. Les indiscrétions mirent le public au courant de ce qui se passait. Les intrigants et les propagandistes arrangèrent la chose à leur façon, et firent si bien, que non seulement ils dénaturèrent complètement l'idée patriotique qui animait le général Salomon, mais encore ils organisèrent une conspiration active qui mit l'esprit public en éveil, en suscitant des craintes et des inquiétudes dans les familles. On prétendit que le Président avait désigné lui-même son successeur, et que lui, l'homme qui redoutait une commotion et prenait de sages mesures pour la prévenir, était justement celui qui préméditait un coup d'État. Cette opinion, que la malveillance avait accréditée, était d'autant plus erronée, que le chef de l'État, au moment où il se sentait près de mourir, aspirait absolument à un peu de repos et de calme. Le général Séïde Thélémaque, épouvanté par les bruits qui circulaient à la capitale, dans le but de lui faire accroire qu'on lui tendait un piège, en l'appelant, comme du reste étaient appelés tous les autres commandants d'arrondissement, abandonnant la voie qui lui était tracée, prit les armes au Cap-Haïtien, le 5 août 1888. Alors, la face des choses changea. Il n'y avait plus à nourrir l'illusion d'une transmission de pouvoir sans secousse. La guerre était déclarée. Le Gouvernement envoya immédiatement des troupes, qui firent reculer les forces révolutionnaires venant du Cap.

Sur ces entrefaites, le jeu de la propagande allait son train. L'on disait et faisait toutes sortes de nouvelles. L'on ne voulait pas qu'il fût dit que le président Salomon quittât le pouvoir, sans qu'il y eût des cancans et du bruit. L'on en fit autant qu'on put. Je me rappelle que l'on me racontait à moi, à cette époque, ce que je venais de dire un jour, au Conseil des secrétaires d'État, quand je ne venais de rien dire et qu'il n'y avait pas eu de Conseil ce jour-là. C'était un tohu-bohu qu'une mesure énergique seule pouvait faire disparaître. Le Gouvernement n'avait pas à la prendre, puisque le chef allait déposer le Pouvoir. L'excitation devenait tellement grande à Port-au-Prince, qu'il ne restait au président que deux choses à faire : « Faire cesser cet état de « choses ou quitter une fois. » Le matin du 10 août 1888, il convoqua le Conseil des secrétaires d'État, et lui annonça qu'il partait dans la journée pour l'étranger ; il me chargea particulièrement de voir M. Zohrab, le consul anglais, pour le prier de lui faire avoir passage sur le navire de guerre anglais le « Canada » qui était mouillé dans le port. Je quittai le palais vers les dix heures et me rendis au Consulat anglais pour accomplir la mission. Je n'ai pas voulu y entrer. J'ai fait demander à M. Zohrab s'il pouvait venir me joindre au rez-de chaussée, ayant besoin de lui faire une communication de la part du président. Lorsqu'il vint à moi et que je l'eusse entretenu dans ce sens, il me dit qu'il allait conférer sur-le-champ, avec le commandant du Canada et qu'il m'enverrait la réponse. Un moment après, il me fit appeler pour me faire savoir que le commandant se mettait entièrement au service de Son Excellence. En quittant le Consulat pour me rendre chez moi, des amis sont venus en foule me recommander d'y retourner, ma vie étant exposée aux coups de deux assassins qui voulaient y attenter. Je voulus retourner au palais pour apporter moi-même la réponse au Chef, mais mes amis me barrèrent le passage, en insistant auprès de moi, pour que je me tinsse au Consulat. Ils m'y accompagnèrent même, et là, j'écrivis au président, pour lui donner la réponse du Consul. Il mit son idée à exécution le jour même, en s'embarquant pour l'étranger, Cela valut mieux ; car sa mort qui advint peu de temps après, lui donna pleinement raison d'avoir mieux aimé renoncer au pouvoir que de donner à la ville de Port-au-Prince le spectacle d'une répression qui serait venue ajouter aux malheurs dont notre capitale est si souvent le théâtre.

III

Le président Salomon était à peine hors du pouvoir que des journalistes l'accablaient de toutes sortes d'injures ; ceux dont il arrêtait souvent l'excès de l'adulation étaient les plus ardents à l'insulte ; on chanta sa fortune sur tous les tons, on le bombarda sur-le-champ de millions et selon la formule du vieux cliché, on l'assaillit des titres de tyran, dilapidateur, contempteur des libertés publiques, et le reste. C'était, matin et soir, un concert de médisances et de calomnies. L'ingratitude avait joué son rôle dans toute la plénitude de son horreur. Ce que l'on peut dire, que l'on peut voir, c'est que le président Salomon était bien plus honnête que ses détracteurs et qu'il existe chez nous bien peu d'hommes qui auraient montré, comme lui, autant de probité dans les affaires publiques. Après avoir vécu neuf années au pouvoir, il mourut sans avoir laissé à sa famille une fortune même en rapport avec les indemnités qu'il recevait constitutionnellement de l'État. Avare des deniers publics, il ne s'appropria jamais à son profit, des avantages que bien d'autres ont soin pourtant de ne pas dédaigner, et c'est cet homme qui donna à son administration le cachet du crédit et de la loyauté, que des malveillants ont accusé de s'être enrichi aux dépens du pays. La vérité luira certainement sur son compte, si déjà l'opinion publique n'est prête à rendre justice à sa mémoire.

Avant de quitter à mon tour le pays, je voulus mettre sous les yeux du public, l'état des valeurs existant dans les caisses de la Banque pour le compte de la République, et j'adressai au Gouvernement provisoire, à la date du 27 août 1888, la lettre suivante :

« Messieurs,

« Les événements qui se sont accomplis, ayant en-
« traîné la chute du Gouvernement que je servais
« comme secrétaire d'État au département des Fi-
« nances et du Commerce, je me trouve, par ce fait,
« éloigné des affaires publiques.

« Devant rendre compte au pays, de la partie de ma
« gestion non encore examinée par les Chambres lé-
« gislatives, je viens vous déclarer, Messieurs, que je
« me mets à cet effet, à la disposition de qui de droit,
« quand vous jugerez utile de m'appeler. Je demande
« seulement, qu'il soit procédé à mon égard, avec im-
« partialité et justice.

« Je m'adresse à des hommes publics : vous n'igno-
« rez pas, Messieurs, que la médisance et la calomnie
« trouvent place, et même une place remarquable,
« lorsqu'il s'agit de dénigrer le citoyen qui a fait hono-
« rablement et fidèlement son devoir vis-à-vis du Gou-
« vernement, dont il était l'un des Ministres : le déni-
« grement n'est pas un procédé nouveau ; mais il

« appartient à des hommes expérimentés d'en faire « justice.

« Je vais avoir l'honneur de placer sous vos yeux la « situation des principaux services publics se ratta- « chant au département dont j'avais la direction. C'est « un devoir que je remplis avec l'empressement que « mérite son importance, aujourd'hui qu'il ne m'est « plus permis de poursuivre l'exécution du travail que « j'avais entrepris.

« Au 10 août, il existait dans les caisses de la Banque « nationale d'Haïti les valeurs dont suit le détail :

	En or américain.	En monnaie nationale.
Pour le retrait des billets de caisse.......	157.461 04	25.685 62
Pour le service de la dette intérieure, l'échéance du 30 juin écoulé étant payée..............	123.251 17	120.348 54
Pour le service des appointements, locations, pensions, soldes, rations et subventions. Cette valeur est indépendante de celle qui est affectée au paiement de ce qui est dû pour le mois de juillet, au Cap-Haïtien et aux arrondissements financiers du Sud		217.561 37
Pour le service de la Dette Extérieure, emprunt Domingue 1875...............	22.932 92	
TOTAUX...............	P. 303.645 13	$ 363.595 53

« *Trois cent trois mille six cent quarante-cinq dollars,* « *treize centimes*;

« *Trois cent soixante-trois mille cinq cent quatre-vingt-* « *quinze gourdes d'Haïti, cinquante-trois centimes.*

« Cet exposé sommaire vous permettra de constater,
« Messieurs, la réforme qui s'est opérée dans l'adminis-
« tration financière du pays, à la suite de la liquidation
« des lourdes et nombreuses créances qui s'accumulaient
« à des époques antérieures, pour venir s'ajouter aux
« charges du Gouvernement. Il lui incombait aussi de
« relever, par la stricte observance des engagements
« contractés antérieurement à son avènement, le crédit
« de la nation, si longtemps en souffrance.

« J'ai l'honneur d'en saisir l'occasion, Messieurs, pour
« vous prier d'agréer les assurances de ma très haute
« considération.

« C. FOUCHARD.

« Port-au-Prince, 27 août 1888.

« A Messieurs

« les Membres du Gouvernement provisoire,

« En leur Hôtel. »

Il était de mon devoir de mettre le public au courant de cette situation, et pour lui montrer l'esprit d'ordre et d'économie que j'ai préconisé dans le cours de ma gestion, et pour que le pays sache et voie de quel côté furent les vrais gaspilleurs des deniers publics. Je m'évertuai sans cesse, durant les cinq années que le portefeuille des finances me fut dévolu, à tenir une comptabilité régulière (l'on peut s'en convaincre en examinant les livres que j'ai institués au ministère des Finances) ; à exercer un contrôle efficace sur toutes les branches des départements que je dirigeais ; à me rendre compte de tout ce qui pourrait être à l'avenir, un élément de perfectionnement à la marche du service public. Je remercie ici ceux qui, en coopérant alors avec moi, m'ont été des auxiliaires si précieux et m'ont permis de me présenter chaque année, devant les Chambres législatives, avec les Comptes Généraux de la République, comme le prescrit la Constitution. J'ai accompli mon devoir sans jamais dévier de la route sévère que je m'étais tracée. Je me conformai strictement aux allocations budgétaires, et ne me rappelle pas avoir fait l'émission d'une seule ordonnance qui ne fût revêtue de toutes les formalités légales. A l'aide de la plus-value des recettes, je liquidai une forte part des dettes de l'État. L'on pourra constater dans le service des départements pour lesquels les titulaires étaient parfois obligés d'émettre des ordonnances de dépenses extra-budgétaires, l'existence de lois spéciales ou des pièces justificatives, venant en couverture de ces sorties de fonds. Il n'est pas si difficile de se rendre compte de la bonne foi mise dans ma comptabilité : on n'a qu'à consulter les livres de la Banque, ceux du ministère des Finances. Par exemple, pour la dernière année de mon passage au ministère, l'exercice qui commence au 1er octobre 1887 doit s'arrêter au 10 août 1888, époque à laquelle prit fin ma gestion ministérielle, et non au 30 septembre 1888, car j'estime que ce mois et ces quelques jours du 10 août au

30 septembre 1888 ont dû faire naître bien des dépenses extra-budgétaires. Ma gestion ne couvre rien de ténébreux elle s'est accomplie au grand jour. Il a été donné à tous de se renseigner sur mes moindres actes. Je n'ai pas été exempt pourtant de la plus féroce calomnie. L'on s'est abattu sur moi comme le vautour sur sa proie. Des pamphlétaires et des aventuriers, gens sans foi et sans cœur, qui savent ce qu'ils auraient fait eux-mêmes si, pour le malheur de la patrie, ils étaient appelés à défendre ses intérêts, se sont complu contre moi dans le dénigrement et la médisance. Il y a de ces individus qui se meuvent dans une sphère où ils placent la justice, le droit, la vérité, au degré qui leur convient ; c'est là, dans ce tribunal, qu'ils jugent ou plutôt qu'ils condamnent ; que peuvent-ils faire, à moins qu'ils ne condamnent, quand ils n'ont pour juges que l'envie, la passion, la haine. Ils saisissent toutes les occasions. Qu'un homme vertueux disparaisse, ils se font ses panégyristes, pour étaler aux yeux de ceux qui les entendent et les lisent qu'ils savent où sont les vrais principes, où est la vertu : faux, dissimulateurs, intelligents, ils s'introduisent partout où il y a un cri de justice à pousser, un droit à réclamer, une vérité à proclamer, quand ce sont souvent eux-mêmes qui, au fond, violent cette justice, profanent ce droit, compriment cette vérité. Ils vivent de la calomnie, comme il y a des insectes qui vivent de la pourriture. Dans leurs cerveaux malsains, fermentent toutes les ambitions ; ils ont l'air de dédaigner l'objet de leurs convoitises, en affectant un certain ton de modestie dont ils ont besoin, pour

compléter le cortège de leurs faux compagnons d'honnêteté et de patriotisme. Les misérables! Je ne me défends pas contre eux, comme je l'ai dit en commençant ces lignes, j'en appelle au jugement de l'opinion publique.

C. FOUCHARD.

Kingston, juin 1891.

Paris. — Typ. A. DAVY, 52, rue Madame. — *Téléphone*.

Paris. — Typ. A. DAVY, 52, rue Madame. — Téléphone.

www.ingramcontent.com/pod-product-compliance
Ingram Content Group UK Ltd.
Pitfield, Milton Keynes, MK11 3LW, UK
UKHW020206200726
13856UKWH00003B/1228